Género Ficción realista

Pregunta esencial

¿Cómo expresas algo que es importante para ti?

Para ti de mí

Adrienne M. Frater
ilustrado por Antonio Vincenti

Capítulo 1

Pobre José

Escuché la sirena cuando regresaba a casa en bicicleta desde la piscina. Pasó el zumbido de la ambulancia y, automáticamente, sentí pena por quien iba en ella. ¡Lejos estaba de saber que era José! Vivimos uno al lado del otro, y él es como mi hermano.

—José tuvo un accidente —dijo mamá cuando entré a la casa—. Se cayó de su monopatín y se rompió una pierna, ya debe estar en el hospital.

—¿Qué? ¡Eso es terrible! Vi pasar la ambulancia cuando venía para la casa.

Esa noche durante la cena, miraba distraídamente la pasta y las albóndigas en mi plato.

—¿No tienes hambre? —preguntó papá con una seña, mostrando preocupación.

Papá, que es sordo, puede leer los labios y usar lenguaje de manos.

—Es que no puedo dejar de pensar en José —dije y le hice señas.

—Estoy seguro de que estará bien —indicó papá—. Estará en casa en pocos días, corriendo con muletas.

Por primera vez papá estaba equivocado. José se rompió el fémur, el hueso que está encima de la rodilla, y no le estaban poniendo una férula, sino que lo estaban sometiendo a tracción.

Le pregunté a la mamá de José qué significa tracción.

—Bueno, le dieron un anestésico y luego pusieron un clavo a través del fémur —dijo—. La pierna se pone en un cabestrillo y hay cuerdas de tracción agarradas al clavo... Gina, ¿estás bien?

Creo que me puse pálida, y en realidad no quería escuchar nada más.

—Él está bien, Gina, solo aburrido porque estará en cama en el hospital durante algunas semanas. José es un chico tan deportista, que no puedo imaginar lo atrapado que debe sentirse por la incapacidad de salir de la cama.

Yo me pregunté cómo podría visitarlo porque el hospital estaba lejos y no tenía cómo llegar allí. Mamá estaba ocupada con el nuevo bebé y papá, con su negocio de jardinería; por lo tanto, dudaba de que me pudieran llevar. Por suerte, la mamá de José me pidió que fuera con ellos el fin de semana.

Esa noche pensé en la visita a José en el hospital. La única vez que estuve allí fue hace un mes cuando nació mi hermanita Susana. Sé que, con frecuencia, los visitantes llevan regalos, y eso iba a ser difícil para mí.

No le quería pedir dinero a papá para comprarle un regalo a José porque el negocio no produce mucho en esta época del año. Me preguntaba qué hacer al respecto cuando Susana comenzó a llorar. Mamá fue a recogerla, y yo entré en el estudio, más abajo del pasillo, cerré la puerta para poder pensar. Me senté, miré alrededor de la habitación, y fue en ese momento que lo vi.

El móvil que cuelga de la ventana lo hice cuando estaba en preescolar. Mientras observaba girar las caracolas y las plumas suavemente, tuve una idea. Le haría un regalo a José.

A mis papás siempre les han gustado los regalos que les he hecho. Dicen que los regalos que hago son más significativos que algo comprado en una tienda: que son la verdadera expresión de mis sentimientos. De nuevo miré el móvil y decidí hacerle a José uno que represente los recuerdos que compartimos.

"Pero, ¿cuales recuerdos?", me pregunté esa noche en la cama.

José y yo estuvimos juntos de bebés y hemos estado en la misma clase durante toda la escuela. El problema no es cuáles recuerdos elegir, sino cuáles no incluir. Di muchas vueltas pensando cómo me sentiría si no pudiera salir de la cama. Querría recordar los momentos divertidos que he tenido y esperaba ansiosa tener más.

"Entonces, eso es lo que haré", resolví, "y también les pediré ideas a sus amigos y a su familia".

Capítulo 2

Mi idea

Solo quedaban cuatro días para visitar a José en el hospital, así que empecé a trabajar, a primera hora en la mañana, en el regalo que le llevaría.

—¿Qué es lo que más le gusta hacer a José cuando están juntos? —le pregunté a Hugo, su mejor amigo.

Hugo se sonrojó y dijo algo entre dientes.

—Lo siento, tendrás que hablar más alto —dije.

—Jugamos a los superhéroes —dijo entre dientes Hugo, más alto esta vez.

—Genial —dije, conteniendo la risa. No le dije a Hugo que José y yo también jugábamos a los superhéroes.

Esa noche volteé mi habitación de arriba abajo y, finalmente, encontré debajo de mi cama lo que buscaba.

Al día siguiente, miércoles, seguí al paso número dos.

—Sara —le pregunté a la hermana mayor de José—, ¿qué les gusta hacer juntos a ti y a José?

—No gran cosa estos días, pero a él le gustaba poner un ciempiés frente a mi nariz para asustarme, ¿te ayuda esto en algo?

—Claro que sí —dije riéndome.

No le dije a la hermana de José que aunque tenemos once años, todavía buscamos insectos en el jardín. No le puedo llevar un insecto vivo a José al hospital; sin embargo, hay otra cosa que puedo llevar. Fui al jardín y en un segundo encontré lo que necesitaba.

Esa tarde seguí al paso número tres, y le pregunté a la mamá de José:

—¿Qué les gusta hacer juntos a usted y a José?

—Bueno —dijo ella—, estos días a él le gusta cocinar conmigo, y le gusta tanto como a ti.

Mi *nonna*, mi abuela italiana, me enseñó a hacer pasta y pizza. Luego, un día lluvioso, le enseñé a José a preparar pasta, pero no me había contado que cocinaba con su mamá. Decidí que cuando él regresara a casa, para celebrar, le enseñaría también a preparar pizza. Esa noche, después de la cena, fui a la despensa y encontré lo que necesitaba para el móvil.

El jueves le di un buen vistazo a los dibujos que tenía en mi tablero. Al principio, eran aburridos, pero desde que José me motivó a usar mi imaginación, cobraron vida y ahora rebosan de color.

"Dar y recibir", pensé, "le enseño algunas cosas, y él me enseña otras".

Más tarde esa noche, pensé en otra cosa que a José y a mí nos gusta hacer juntos.

—Papá —señalé—, ¿te gustaría ir a pasear a la playa?

—Sí —indicó—, pero primero lavemos los platos los dos juntos.

Dejamos a mamá alimentando a Susana y corrimos el corto trayecto hasta la playa. Había pasado la marea alta, y el agua se retiraba de nuevo después de haber subido hasta el borde de la playa. "¡El momento perfecto!", pensé.

Corrí aquí y allí como un cachorro juguetón. Algunas personas creen que nuestra playa es demasiado estéril, pero si observas de cerca, hay toneladas de cosas, como caracolas, animalitos, etc., para ver en la arena.

De la arena recogí palos, caracolas y algas, pero las puse de nuevo allí. Luego, vi una cosa perfecta que me hizo reír.

Cuando José y yo vamos a la playa después de una tormenta, o incluso después de una marea alta, jugamos siempre a buscar cosas en la playa. El ganador es quien encuentre la cosa más rara. Si él estuviera hoy aquí, sé que yo sería la ganadora.

Para el viernes ya había progresado con mi regalo. Ensarté cada objeto y lo amarré con un nudo firme. Balanceé los objetos en el marco, luego colgué el móvil de los recuerdos. Aunque recibí de su familia y sus amigos algunos recuerdos para el móvil, cada uno representaba un recuerdo de algo que José y yo también compartimos.

Pero sabía que algo no estaba del todo bien. Me quedé mirando fijamente el móvil, para tratar de descifrar qué le faltaba: algo que es importante para José.

Detective del lenguaje	**Busca un verbo en modo subjuntivo en esta página.**

Capítulo 3

¿Debo o no debo?

—Voy a hablar con el papá de José —le dije a mamá—. Es el único al que no le he pedido un recuerdo para el móvil, pero no tengo que preguntarle qué es lo que más le gusta hacer con José porque ya lo sé. Aunque a José le gusta patinar con sus amigos, en el patio de la casa también lo hace con su papá. Incluso, su papá construyó la rampa de la que José se cayó cuando se rompió la pierna.

—¿Qué es esto, Gina? —preguntó el papá de José cuando me vio.

Le conté sobre mi regalo y luego dije lo que me faltaba.

—No parece correcto hacer un móvil de recuerdos sin incluir lo que más le gusta hacer a José. Pero desde su accidente, no sé si debo incluir algo sobre el monopatín.

—Puedes estar segura de que él volverá a montar en su monopatín tan pronto como pueda —dijo el papá de José—. Definitivamente creo que deberías incluir algo del monopatín en el móvil.

Luego hizo una pausa y mirando pensativamente dijo:

—Ven conmigo.

Me llevó a su cobertizo, un lugar viejo, maravilloso y polvoriento. Quizás tan bueno como el cobertizo de mi papá, pero no tan limpio. Tiene piezas de esto y de aquello, todo lo que una persona hábil podría necesitar. José y yo hemos pasado horas allí, descubriendo toda clase de tesoros entre el polvo, es como abrir una media de navidad.

—Husmea por aquí.

El papá de José señaló una caja con partes viejas de monopatines. Metí mi mano y estudié cada cosa que sacaba, e incluso la rueda más pequeña era muy pesada como para colgarla en un móvil. De modo que mi cerebro hizo un giro en U y casi caigo de bruces.

—¿Necesita esto? —pregunté sosteniendo algo grande.

—Es tuyo —dijo el papá de José.

—¡Muchas gracias!

A la mañana siguiente empaqué el móvil y corrí hacia fuera para alcanzar a papá antes de que saliera a podar algunos árboles.

—Por favor, ven —señalé y corrí a su cobertizo. Le expliqué lo que quería, y como su cobertizo es tan ordenado, encontró lo que yo necesitaba en un instante.

Envolví con cuidado mi segundo regalo y me puse unos pantalones limpios.

—Dale esto a José con mi amor —dijo mamá—, y me entregó un recipiente lleno de galletas recién hechas.

—¡Afortunado José! —dije mientras llevaba las galletas y mis regalos al carro de los papás de José.

El hospital quedaba a casi una hora de la casa, pero llegamos cuando empezaban las visitas. El hospital era enorme y tenía un olor extraño. Habían sido pintadas líneas en los pisos del pasillo. Seguimos las líneas de pequeños patos amarillos hasta la sala de los niños.

El lugar era diferente de lo que imaginé, y el ruido me aturdía. Solo algunos niños estaban en cama. Unos corrían, otros caminaban en muletas y, antes de ver a José, un avión de papel se estrelló contra mi nariz.

¿Quién me lo lanzó? ¡El único paciente que tenía la pierna en el aire! El único con cara de malhumor.

—¡Hola, José! —gritamos sus padres y yo.

Detective del lenguaje

El texto subrayado está en voz pasiva. Señala el verbo auxiliar ser.

Capítulo 4

¿Qué pensará José?

Cuando nos acercamos a su cama, traté de no mirar la pierna rota de José para no ver los clavos. Sin embargo, fue difícil no ver las cuerdas de tracción que llegaban a un marco y luego bajaban una pesa al pie de la cama. A pesar de la situación, sonreí y dije:

—¿Estás bien, José? Mira, te traje regalos.

—Creo que debo estar sintiéndome mejor que tú —dijo José—. Estás tan blanca como una sábana. Gracias por los regalos.

Los puso en la cama, y su cara de malhumor volvió.

—Lo siento —dije—, no sé muy bien qué hacer con clavos en las piernas y cosas de esas.

—Entonces, mejor te los muestro para que aprendas a afrontar tus miedos.

Tuve que mirar porque eso era lo que yo le decía a él con frecuencia.

—Este es el clavo —José quitó la sábana y me mostró—. Y estas cuerdas van del cabestrillo al marco por encima de mi cabeza, y si miras allá abajo... —dijo, señalando el pie de su cama—, verás la pesa que está atada al clavo. Mantiene derecho mi fémur y le quita presión para que pueda sanar.

No me importó mirar la pesa, así afronté mis miedos.

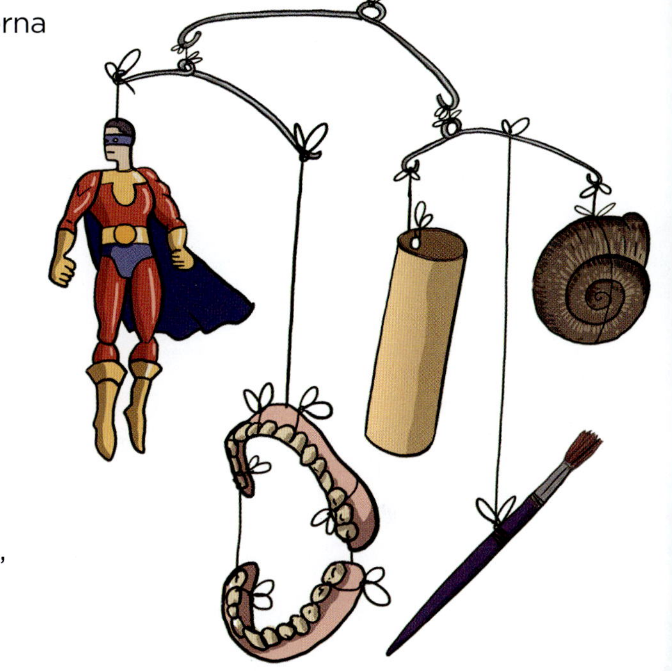

—Cada semana tomarán radiografías de mi pierna y ajustarán la pesa.

Contarme esto debió mejorar el ánimo de José porque acercó sus regalos.

—Puedo oler las galletas —abrió el recipiente—. Chispas de chocolate, ¡maravilloso! Y, ¿qué es esto?

Contuve la respiración mientras él sacaba el móvil.

—Es algo que hice —dije, ayudándolo a desenredar las cuerdas—. Es un móvil de recuerdos, ¿ves? —Se lo quité y lo colgué en el marco de tracción.

José miró el móvil durante tanto tiempo que comencé a preguntarme si no le gustaba. Lo miré observando el pequeño modelo de superhéroe, el trozo de canelón, el pincel, la caracola y los dientes postizos que aún tenían arena de la playa, todo giraba alrededor.

Entonces, José se rio, y supe que había entendido: sobre todo al ver los dientes postizos. Pero cuando dejó de reírse, incluso después de haber devorado tres galletas con chispas de chocolate, de nuevo empezó a aparecer el ceño fruncido.

Sospeché que José estaba triste porque seguramente pensaba en cómo sería todo cuando nos fuéramos a casa. Debe ser difícil ver a otros pacientes moviéndose libremente en la sala cuando estás atado a tu cama.

—Llegó el momento para el regalo sorpresa —anuncié emocionada y le pasé el otro paquete.

Por su forma, José pudo adivinar de inmediato lo que había dentro y frunció más el ceño.

—Continúa, ábrelo —dije.

Él desempacó la vieja cubierta del patín, la contempló y luego me miró sin comprender.

—Hay más —dije, y le pasé una bolsa de plástico—. Adentro hay una caja de pinturas acrílicas y un pincel.

José siguió mirándome, y luego cayó en cuenta.

—¿Se supone que yo mismo decoro la cubierta? —preguntó sonriendo abiertamente por fin.

—Se llama arte de monopatín —le dije.

—Lo sé, lo he visto en internet.

—Cuando vuelvas a montar, tendrás la tabla más llamativa del vecindario —dijo su papá—. ¿Más galletas?

Dejamos a José mirando contento su móvil. El recipiente de las galletas estaba vacío, y él abrazaba el monopatín. Sabía que las próximas semanas iban a ser difíciles, pero esperaba que mis regalos lo ayudaran. Quise decirle todas las cosas buenas que tenía, pero no lo hice. Aunque, ojalá los regalos lo dijeran por mí.

Resumir

Usa detalles importantes de *Para ti de mí* para resumir el cuento. Puedes usar el organizador gráfico como ayuda.

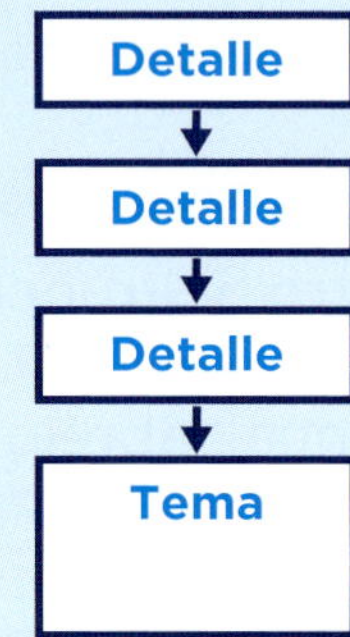

Evidencia en el texto

1. ¿Cómo sabes que este cuento es ficción realista? Identifica dos características que te lo indiquen. **GÉNERO**

2. ¿Qué criterios usó Gina para elegir los objetos para el móvil? ¿De qué manera su elección transmite el tema del cuento? **TEMA**

3. En la página 7, ¿qué símil usó el autor para describir cómo corre Gina? Explica la comparación. **SÍMIL Y METÁFORA**

4. Escribe qué piensa Gina en las dos últimas oraciones del cuento. ¿Cómo sus pensamientos ayudan a transmitir el tema del cuento? **ESCRIBIR SOBRE LA LECTURA**

Compara los textos

Lee acerca de cómo se expresan algunas cosas.

Cae la lluvia

Martha Isabel Millán
(poeta colombiana)

Veo caer la lluvia en los trigales,
brotar agua de los manantiales,
contemplo las montañas a través de la neblina,
¡las casas se cubren de agua cristalina!

Agüita transparente y pura:
¡deseo que crezca el trigo con frescura!,
que las rosas del jardín florezcan
y las semillas que he sembrado crezcan.

Mi tierra agradecida te espera
¡lluvia, ven aquí y cae entera!
Los colores de los campos resplandecen,
los pastos crecen y reverdecen.

Illustration: Mariano Gil

Terminaste lluvia de caer a mares
ya el sol se posa sobre estos lares,
las aves descansan en las hojas amarillas
salen los niños a jugar, ¡qué maravilla!

Cuentos de invierno

Martha Isabel Millán (poeta colombiana)

Cae afuera la lluvia, el abuelo en su silla,
con su barba blanca y sabiduría
narra historias maravillosas
llenas de barcos, piratas y fantasías.
Entre vientos fríos y algarabía
canta toda la noche con su gruesa voz,
viejas historias de la memoria,
que nos comparte con emoción.

¡Qué historias, abuelo!, decimos todos.
Fascinados lo escuchamos.
Queremos más, ¡otra, por favor!
Con chocolate caliente y galletas ricas,
acompañamos la narración.
Atentos todos, imaginamos:
un pirata en busca de un tesoro
con una princesa, en un barco de vapor
y un rey encantado y muy bondadoso
y cien cabritos con un lobo feroz.

En estas noches lluviosas de invierno
narra el abuelo historias deslumbrantes,
nosotros atentos y con oídos despiertos
olvidamos el frío y sentimos calor.

Haz conexiones

En los poemas "Cae la lluvia" y "Cuentos de invierno", ¿qué expresa la poeta? ¿Cómo lo expresa? **PREGUNTA ESENCIAL**

Compara el significado de los lazos familiares y de amistad en *Para ti de mí* y en "Cuentos de invierno". ¿Qué expresan los autores al respecto en ambos casos? **EL TEXTO Y OTROS TEXTOS**

Enfoque:
Elementos literarios

Aliteración La aliteración es la repetición del mismo sonido consonántico en dos o más palabras cercanas. Con frecuencia, los poetas usan la aliteración para darle musicalidad a las palabras o los versos del poema.

Lee y descubre En "Cuentos de invierno", la poeta usa aliteraciones. Lo hace con el sonido "s" a partir del primer verso de la primera estrofa: "silla", y continúa en los siguientes versos: "sabiduría", "historias maravillosas", "barcos, piratas y fantasías", hasta el final del poema. La aliteración aporta musicalidad a los poemas.

Tu turno

Escribe un poema que tenga aliteraciones. Primero, haz una lista de tres o cuatro cosas que recuerdes de un amigo, escribiéndolas una debajo de la otra en líneas separadas. Ahora, escribe una palabra o frase que describa o exprese cómo te sientes con cada una de ellas. Las palabras descriptivas que elijas podrían empezar con el mismo sonido entre ellas. Por ejemplo: "reía con el croar de las ranas" o "imagina imanes".

Lee las líneas en voz alta y haz cambios si es necesario darle más musicalidad y ritmo al poema. Léele el poema a un compañero.